# NOUVEAUX MOYENS DE RENDRE LE CRÉDIT AUX ASSIGNATS.

*Par le Citoyen* KNAPEN, *Fils.*

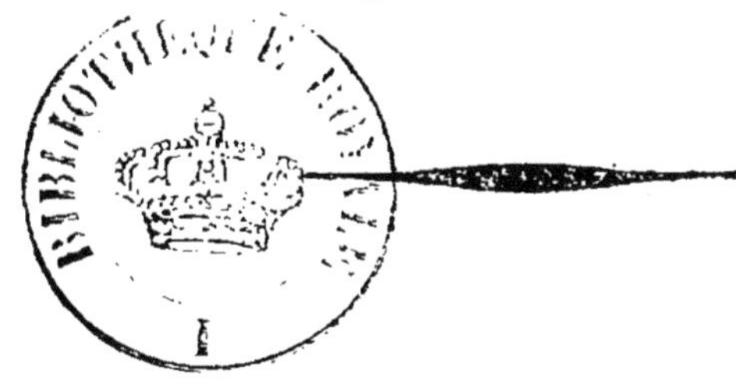


A PARIS,

Chez l'Auteur, rue des Poitevins, N°. 8, Quartier de la rue André-des-Arts.

FRIMAIRE, AN IV DE LA RÉPUBLIQUE.

# NOUVEAUX MOYENS DE RENDRE LE CRÉDIT AUX ASSIGNATS.

Par le Citoyen KNAPEN, Fils.

PEU de tems avant la fin de la session de la convention, je fis imprimer une brochure où j'indiquois ce que je croyois de plus utile dans la crise où notre inquiétude sur les finances nous avoit fait tomber. Le rapport fait au nom du comi é par le représentant Vernier, m'a paru basé sur des idées conformes aux miennes. *Il faut se garder*, dit-il, *d'une opération violente qui ne pourroit que porter à la chose publique le coup le plus funeste et le plus terrible*. J'espérois beaucoup de ces dispositions.

Il n'existe, a-t-on avancé, que pour dix-huit milliards d'assignats; leur gage peut être porté à trente milliards.

Voici des faits; la preuve en est entre les mains de ceux qui les allèguent Il n'y a donc qu'un insensé qui puisse les combattre. Quant à moi, ma gratitude, en recevant une telle notion, est d'autant plus vive pour celui qui me la donne, que la cause des assignats à laquelle est attaché le sort de tant de familles intéressantes, en devient bien meilleure à soutenir.

Je pars de cette satisfaisante donnée, et je dis que le gage des assignats, excédant de douze milliards la somme émise de ce papier, le crédit doit se rétablir presque de lui-même; mais évitons, sur toutes choses, de nous tromper sur les moyens. On pourroit, sans doute, profiter de ceux que l'agiotage fait appercevoir, et rembourser avec un louis quatre mille livres, et peut-être avec moins de quatre cents millions, dix huit milliards; mais une grande nation est généreuse à l'égard même de ceux dont elle peut avoir à se plaindre, et sera juste sur-tout envers tant d'autres citoyens qui se sont si long-tems attachés à la valeur nominale des assignats.

A quels hommes, en effet, conviendroit une pareille mesure? Elle ne favoriseroit que ceux-là seulement qui ont acheté de l'or, puisque sa rareté, lorsqu'il deviendroit l'unique monnoie, le feroit augmenter de valeur dans leurs mains. elle réduiroit au désespoir de la misère le grand nombre de ceux qui se sont toujours éloignés des calculs monstrueux de la bourse.

Vous avez augmenté le traitement des fonctionnaires, les denrées ont haussé de prix; vous avez fait une addition à ces indemnités, et toutes les marchandises ont été vendues plus cher; ajoutez encore à ce que vous leur avez accordé, vous verrez bientôt que le salaire d'une année ne leur suffira pas pour subvenir aux dépenses d'un mois.

On me dit qu'il y a maintenant trop peu d'or et d'argent, pour retirer les assignats; mais d'abord quelle obligation de les retirer à la fois? Et, quand elle existeroit, ne pourroit on pas prendre du tems pour rembourser? Au surplus, savez-vous quelle quantité de signe métal ou papier il faut à la France, ou à tout autre gouvernement, pour ses dépenses ? extrêmement peu, et c'est avec une pareille mesure, selon moi, que l'on peut rendre le peuple heureux et l'état florissant.

C'est quand il y a peu de numéraire ou de signe quelconque, que chaque citoyen se livre à l'agriculture, aux arts, au négoce, parce que chaque citoyen a besoin de ce signe dont il y a peu dans toutes les mains. C'est alors que le fermier offre ses grains, parce que chacun n'en peut acheter que ce qui lui est nécessaire pour sa consommation, étant obligé de garder ce qu'il y a de signe métallique ou autre pour ses différens besoins ; alors aussi, pour avoir la préférence de ceux qui achètent, on s'efforce, dans chaque profession, de se surpasser les uns les autres, tandis que l'abondance du signe, en ne laissant voir à personne la nécessité de bien faire pour placer sa marchandise, éteint tout germe d'émulation, et transforme en agioteurs les bons ouvriers, les marchands jusques là estimables, et peut-être les habiles artistes eux-mêmes.

En même tems que je pose en principe qu'il est avantageux que le signe ne soit point abondant (1), je déclare qu'il seroit impolitique et ruineux pour la masse des meilleurs citoyens de retirer, à la fois, tous les assignats, contre le gré de leurs possesseurs.

Depuis que les deux conseils s'occupent assiduement des finances, je pense moi-même sans cesse à cet objet important; et je l'avouerai sans me l'être proposé, tant l'intérêt public a d'attraits pour l'homme digne de vivre en société.

Quelques-unes des idées de ma première brochure se sont retrouvées dans plusieurs des plans mis au jour. Il ne m'appartient pas de juger si celles que je puis ajouter seront utiles; mais je fais ce que je dois en les proposant.

Voici mes nouveaux moyens dont le premier qui a été reproduit dans plus d'un

---

(1) On sent bien qu'il doit néanmoins se maintenir dans une telle proportion, que le bas prix de nos ouvrages ne nous expose pas à voir nos marchandises enlevées par tous les agioteurs de l'Europe. C'est aux amateurs éclairés que nous voulons vendre; nous ne voulons point trafiquer avec des brigands: ceux-ci ne feroient que propager la honte de notre détresse; ceux-là porteront par-tout la gloire de nos talens, de notre bon goût et de notre industrie.

écrit, paroît indispensable, quelque projet que l'on adopte :

1°. On discontinuera la fabrication des assignats ; les planches en seront brisées en public, et la loi qui l'ordonnera, sera envoyée à tous les départemens et proclamée dans tous les cantons ;

2°. On retranchera sur le salaire des fonctionnaires publics, sur les pensions, etc., les augmentations successives qu'on leur a attribuées ;

3°. On paiera pour le trimestre courant à tous les salariés, pensionnaires et rentiers, un seizième en argent de ce qu'ils auront à toucher de leur ancien traitement ;

4°. Il sera établi dans toute la France des bureaux d'assurance des assignats.

Ce dernier article n'offre, comme on le voit, que le principe à décréter ; il sera suivi de loix réglementaires auxquelles les développemens que je vais donner, pourront servir de canevas.

Une compagnie de financiers les mieux accrédités seroit autorisée par le gouvernement à assurer tous les assignats qui seroient présentés à ces bureaux, et pour cela, elle auroit une connoissance parfaite des besoins et des ressources de l'état. Elle seroit la boussole du commerce; et si la bourse conserve son activité, elle se réglera elle-même sur la conduite que tiendra cette compagnie.

L'assurance s'opéreroit par la voie de l'échange des assignats contre les effets de ces financiers, qui auroient un cours libre et certain dans toutes les transactions.

Cet échange ne seroit point forcé ; mais le but de l'établissement étant de faire rentrer une partie des assignats, un droit seroit prélevé sur ceux qui seroient apportés à ces bureaux.

Ce droit ne sera pas toujours le même ; il changera suivant les circonstances, c'est-à-dire, qu'il diminuera à mesure que la masse des assignats s'absorbera, et cette diminution du droit ramenera naturellement le crédit public.

Ce droit sera plus haut au moment de la création de la caisse qu'il ne devra l'être par la suite, puisqu'elle est établie pour améliorer, et qu'elle ne peut l'avoir fait avant que d'exister.

Dans le moment où j'écris, l'assignat est à près de 20 pour un de perte.

Celui qui auroit dans les mains 300,000l. en assignats, seroit, je n'en doute pas, fort content de n'être taxé qu'à la moitié de la somme, et de recevoir pour 150,000 liv. de billets de la caisse d'assurance, tandis que les 150 autres mille livres, seront annullées et ajouteront par leur anéantissement, à la solidité de l'hypothèque dont la compagnie est devenue caution.

Peu-à-peu le nombre des assignats diminuera. On croira pouvoir se dispenser du léger sacrifice que la caisse exigera. L'on n'y portera bientôt plus les assignats; ils jouiront de la plus grande confiance, et les effets de ces banquiers qui circuleront en concurrence avec le papier national, en acquiéreront d'autant plus de crédit, que c'est à la bonté de l'opération de leur caisse que cette confiance sera due.

---

De l'Imprimerie de la Ve. Delaguette, rue de la Vieille-Draperie.

www.ingramcontent.com/pod-product-compliance
Ingram Content Group UK Ltd.
Pitfield, Milton Keynes, MK11 3LW, UK
UKHW020502220726
13923UKWH00006B/2721

9 782019 277369